FIGVRE
DES SIGNES

merueilleux veuz & apparus vers les Royaumes d'Escosse, & Angleterre, significatifz de la ruine, fin, & perte du monde.

Et des tempestes de dessus l'Occean.

*A*u peuple de France.

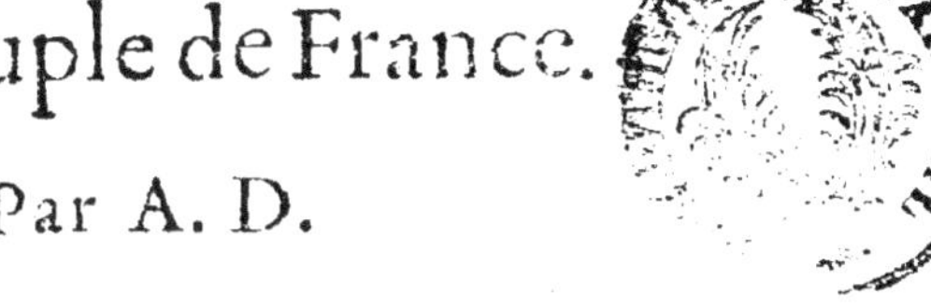

Par A. D.

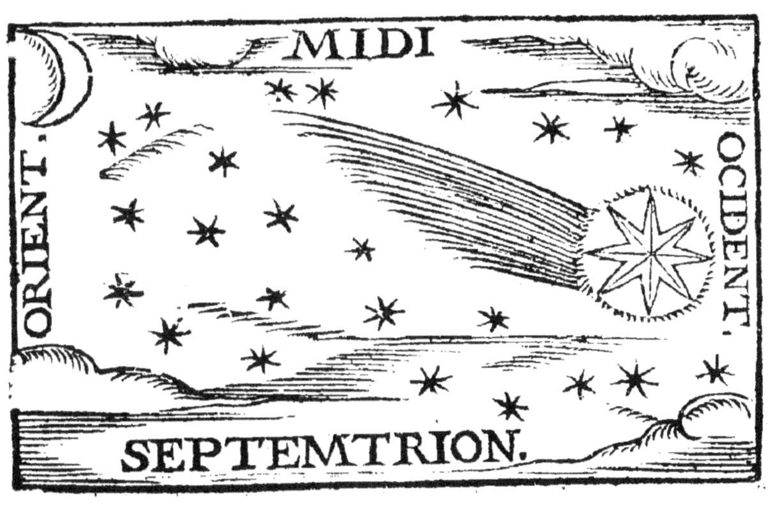

A PARIS,

Pour Michel Buffet, demourant pres le College de Lysieux.

AVEC PERMISSION.

1587.

Signes apparus tant ſur mer que ſur terre
Sur l'Occean en diuerſes ſaiſons,

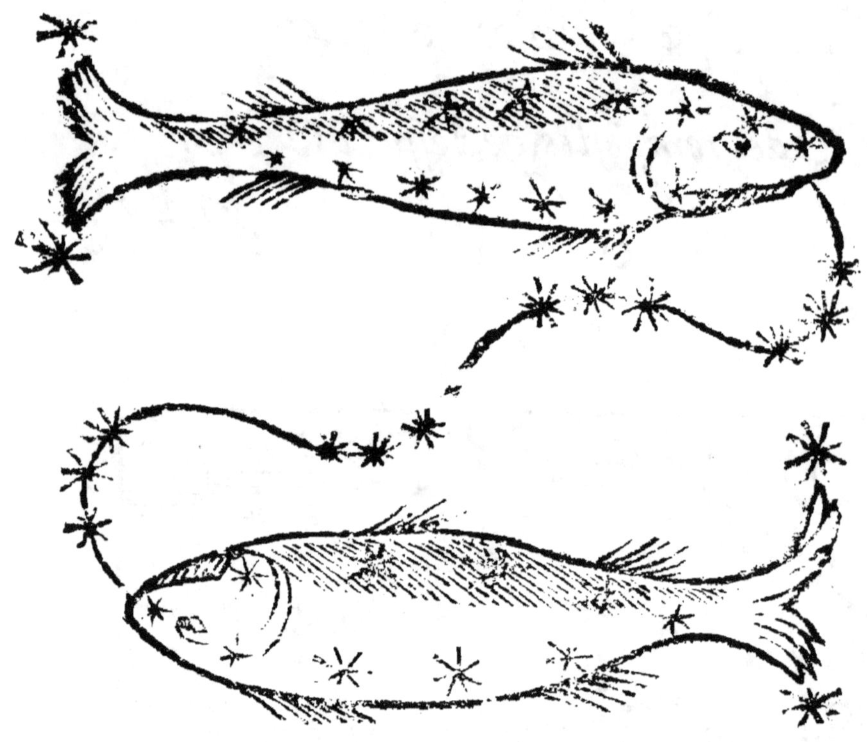

Tant en Eſcoſſe que deſſus Angleterre
Grande tempeſte au ſigne des Poiſſons.

Des Signes merueilleux aduenuz & descenduz és parties d'Escosse & Angleterre.

Rance ne doute pas que les Dieux au besoin,
De tes affaires ont vn charitable soin,
Voicy qu'auant le temps, des maux qui t'enuironnent,
Pour t'y faire pouruoir, les signes ils te donẽt
C'est que Cynthie estãt en extreme decours,
Et sous nostre OriZon Phebus tenoiẽt leurs cours,
Pour oster l'argument aux discoureurs de dire
Que ce fussent vapeurs que l'vn ou l'autre vttire
Qui font à nostre veue estrange impression
Sans en attribuer à Dieu l'intention,

Ce iour d'aspect sextil le tetrique Saturne
De rayons tenebreux le Soleil importune
Qui nous vient preparer & desia conceuoir
Des Comettes qu'il forge à bien tost faire
voir
LeCiel lors sa couleur toute bleue a rendue
Du costé de Midy en fort longue estendue,
Parmy la grãd' clarté des astres qui par fois
Eslançoient leurs rayons en mil & mil en-
droicts.
Puis soudain au milieu de l'azuré nuage
L'air en blancheur s'est veu enfler comme
en naufrage,
Sont les voyles bouffans du vẽt impetueux
Vn voyle blãc à l'vn se represente aux yeux
Et l'autre estime plus qu'en estendart se for
me,
Comme d'autre costé voye de laict a forme
L'an que Iuno, Mercure allaictant espandit,
Parmy le Ciel aoquel vn blanc cercle rẽdit.
Mais quand cest estendart par ses replis vn-
doye
Des astres à l'entour, il semble faire voir
A gros brandons de feu an cõcaue allumez
Courans deçà, delà, comme estans animez,
L'vn à l'encontre l'autre, où lon voyoit les
armes

Que noz plus vieilz Gaulois portoient en leurs allarmes,
Gros dards ou iauelots passer se fracassans,
L'vn l'autre au rencontrer, les nues s'esclattans
Aux coups qu'entre-donner, les lances paroissoient,
Dont les esclats ardās par le vague air voloient.
Peu à peu l'estendart tandis s'esuanouyt
Puis de rechef reuint, mais gueres ne se veid
Ainsi du Tout-puissant la faueur debonnaire
Lassus à poinct nommé ces Signes fit pourtraire
A ces preux Cheualiers, sur Paris mesmement
Comme à l'ordre & au lieu qui principalement
Seruent de seur appuy, par lequel la courōn.
Retient sa Maiesté en ce Lys qui fleuronne,
Arborez l'estendart Cheualiers valeureux

De sa pure blancheur soyez tant desireux
Que pas vn seul de vous de son ombre s'ab-
sente,
Puis que le Ciel benin d'enhault le vous pre-
sente.
Afin que toy, ô France exposee au malheur
De te voir desmembrer par discorde & fu-
reur,
De deux camps fraternelz, tu puisses reco-
gnoistre
De quel party Dieu veut pour ton repos se
mettre.

Le droict chemin qu'on tiendra sans
feintise.
Pour tous salut est de suyure l'Eglise.
Et du vray but qu'on tiendra le plus
seur,
Gist ne manquer à son predecesseur.

A Dieu soit gloire.

Signification des Signes prodigieux apparus sur plusieurs Regions des parties de l'Occident.

IL eſt certain qu'entre toutes choſesqui ſe preſentent à la veue des hommes, n'y a rien en ce monde qui plus nous donne à penſer, voire qui plus nous esbranle par crainćte, eſperance, eſpouuentement & admiration, que les merueilles prodigieuſes, que Dieu ſelon ſes iugemens ſecretz & incomprehenſibles nous faićt voir tant en la terre qu'au Ciel. *E*ntre leſquelz ceux des Cieux ſont plus cõſiderables, pour autant que Dieu qui y habite comme en ſon propre domicile, lors qu'il no⁹ faićt deſcouurir en iceux contre tout ordre de nature, quelque apparition miraculeuſe, ou viſion prodigieuſe; comme de Comettes en façõ de glaiues, de feu, claires, tenebreuſes, cheuelues, barbues, torches, flambeaux, colonnes, Dragons, multiplicité de Lune ou de Soleil, eclipſe d'iceux, armees & combatz diuers, tant de cauallerie que d'infanterie, meſmes par les Demons, pluyes de ſang, de terre, de pierre, de fer, de diuers animaux, ſans parler des gresles, foudres & tonnerres extraordinaires & eſpouuẽtables: certainement, c'eſt lors que Dieu nous veut aduertir, faiſant de telz prodiges ſes poſtes & Heraux, ainſi que parle Dauid.

Des vens auſsi diligens & legers,
Faict ſes Heraux, poſtes & meſſagers,
Et foudre & feu fort prompts à ſon ſeruice,
Sont les ſergens de ſa haulte iuſtice.

C'eſt lors, di-ie, que Dieu deſirant que nous rentrions en nouſmeſmes voyãs noſtre deſeſperee obſtination, nous enuoye

enuoye comme pour auant-coureurs de sa Iustice, plusieurs merueilleuses impresſions en l'air, nous menassant pour le nombre infiny de noz offences, & nous aduertissant, afin que corrigions noz mœurs peruers, & vices desbordez, ainsi que dict le poete.

Pense-tu que Iupin sa vengeance ayt laissee,
Quand sur vn arbre hault sa foudre il a lancee?

De ces apparitions ont amplemēt escrit sainct Augustin, Eusebe, Iosephe, Titeliue, Iulius obsequens, Plutarque, Valere, & autres infinis autheurs, & plusieurs modernes, sur ce qui s'est presenté de leur temps. Et sans m'amuser à esplucher les causes, naissances & origines de telles apparitions, deffigurans horriblement la face du Ciel, qui nous doit plustost dōner tesmoignage de la gloire de Dieu. Seulement i adiousteray que telz diuins messages nous doiuent seruir en particulier pour nous abbaisser & humilier enuers Dieu, par prieres, ieusnes & aumosnes, afin de preuenir par bõne repentance la fureur diuine, qu'elle ne s'embraze contre noz demerites & que nous apprehendions les iugemens de Dieu. Et en general que nous deplorions la calamité du temps present, & supplions la maiesté diuine qu'il luy plaise regarder de son œil pitoyable la pauure & desolee France, par le moyen de quelque salutaire cõcorde.

Parce que ordinairement telles impressions, caracteres, figures & combatz qui se font au Ciel, viennẽt à presager quelques signalees reuolutions, mort de grands Seigneurs, mortalité de peuple, batailles & guerres sanglãtes, incursions d'estrangers, ruine de plusieurs Citez, & autres piteux euenemens. Non que ie vueille adiouster foy aux resueries des Astrologues iudiciaires, ains seulement par les infiniz anciens & modernes exemples aduertir vn chacun de faire son deuoir pour impetrer de Dieu pardon & mercy.

Vers l'Occident par grand desloyauté
Ont attaqué la Royauté.

Et Dieu a dict vous aurez Roys & Princes
A mon adueu dompteront voz Prouinces.

Et afin qu'il ne semble que les aduertissemens cy dessus soient en vain publiez, il a esté notoirement veu en la France plusieurs signes merueilleux au Ciel de nuées tresobscures en forme de forest, les vnes venant de la partie d'Orient, auec celles de l'Occident significatiues de tresgrande violence. Et combien que le vent vint d'Orient si est-ce que cellesd'Occident venoiét de plus grãde impetuosité, & aux rencontres s'eſleuoient en la partie de Septentrion du bas en hault, à pluſieurs fois & diuers endroicts des clartez eſtroictes & longues, donnant treſgrãde ſplendeur, puis de fois à autre n'apparoiſſoit aucune lueur, iuſques à ce que nouuelles clartez treſlongues & peu larges, auec autres obſcuritez de pareille longueur & largeur, les vnes d'Orient, les autres d'Occident, de rechef ſe venoient aheurter, dont de bas en hault s'eſleuoient pareilles clartez que celles deſquelles auons ia parlé, comme flamme d'artillerie, & girandolles artificielles, montans en forme de fuzées en l'air, puis deſcendans en pluye dorée, & dont ſe diſcernoit ayſément la fumée, & encores darder ardeurs & pouldres, en triangle de la parrie de Midy, courans & roulans iuſques aux extremitez du pays d'Angleterre, qui dura iuſques ſur le minuict, la veille du iour sainct Michel, auec signes de grande frayeur, & Comettes fort lucides esdictes parties opposites. Ce que ces Signes ainsi diuisez & entrelassez peuuent certainement signifier les diuisions qui se publient en mainctes Regions & contrees des religions contraires les vnes autres, & de plusieurs sortes. lesquelles causent aux circonuoisins d'icelles les vns deuenir ennemis contre leurs grands amis, lesquelz par ce moyen, cherchent d'abastardir l'excellence & domination des plus grandz Roys & Princes que Dieu par sa beneficence a sur nous establiz, pour le reiglement de tenir en estat tous peuples & nations en son obeissance, & nous manifester sa iustice, pour pouuoir paruenir apres ceste vie à la felicité.

On pourroit demander d'où procederoit la ruine des Regions d'vne grãde partie d'Allemaigne, en laquelle peu à peu le grand Turc s'aduãce & vſurpe ce qu'il peut.

Et außi des Anglois leur mortelle ruine,
C'eſt qu'ilz né font eſtat ny de Roy, ny de Royne.
Ilz veulent ſeulement eux-meſmes maiſtriſer,
Et vſer de Iuſtice qu'ilz ne peuuent priſer.

En effect telles nations de gens ſe contentent plus d'eſtre domptez par vn infidelle, que de leur propre & naturel Seigneur, qui par droicte equité & iuſtice repoulſeroit l'ambition & conuoitiſe de telz pernicieux, ſi à leur ſouuerain portoient obeiſſance.

Pour s'eſtre meſcogneuz en Flandre de leur Roy,
Et deſuoyez de premiere croyance,
Sont maintenant en piteux deſarroy,
Et en peril de treſgrande ſouffrance.

Des Signes merueilleux & terribles, significatifz de la ruine, fin, & consommation du monde.

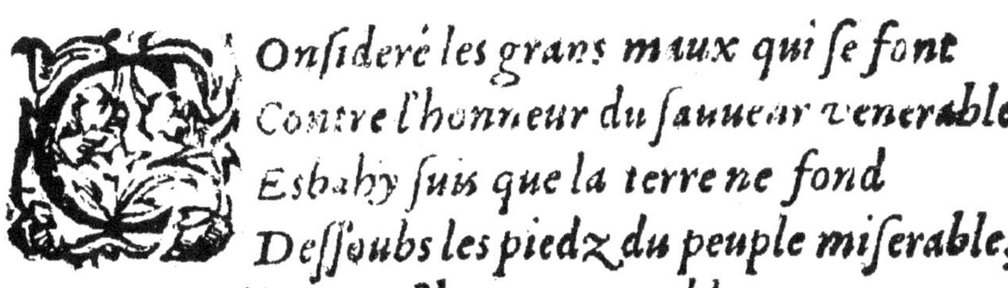

Consideré les grans maux qui se font
Contre l'honneur du sauueur venerable
Esbahy suis que la terre ne fond
Dessoubs les piedz du peuple miserable,
Depuis que dieu crea l'homme muable,
Il ne courut tant de sedition,
De tromperie, & cauillation,
Qui faict ce iour par la machine ronde:
Dont croire faut sans dubitation,
Que sommes pres de la fin de ce monde.

Prouuer ie veux par les lettres diuines
Aux gens remplis de folastre argument,
Que ce iourd'uy nous voyons tous les signes,
Qui sont predits du signal iugement.
Pource Chrestiens de bas entendement,
Qui cognoissez que dieu est irrité:
Recognoissez vostre infidelité,
Qui vous prepare vne aspre recompense:
Amendés vous, car pour la verité
La fin du monde est plus pres qu'on ne pense.

Au grand salut de nous tous & des nostres
Il est escrit en monsieur saint Mathieu,

Qu'vn certain iour les glorieux Apostres
Benignement demanderent à Dieu,
Qu'el signe aurons en ce terestre lieu
Pour le tesmoing de son aduenement,
Quand il viendra tenir son parlement
Que tout sera purgé du feu diuin:
Lors il leur dit tresfamilierement
Ce qu'il s'ensuit denotant nostre fin.

Gardés (dit-il) que ne soyez seduicts:
Car plusieurs gens de damnable renom
En ce temps la seront si mal induicts,
Qu'ilz corrompront tout mon diuin Canon.
Furtiuement ilz viendront en mon nom
Preschant erreurs à haute voix & cris,
Et se diront estre les propres Christs
En declarant l'euangile au rebours:
Dont nous apert par ces sainct mots escrips
Que sommes pres de la fin de noz iours.

Or ie vous prie arrestons nous icy
En penetrant le texte euangelique,
Et regardons si le temps n'est ainsi
Que nous predit Iesus Christ Deifique.
Voyons nous pas en ce regne impudique
Les susdits Christs au monde orbiculaire
Qui vont troublant le pauure populaire
Ouy vrayment (ce qu'on n'a point amors)
Signefiant que Dieu en sa colere

www.ingramcontent.com/pod-product-compliance
Lightning Source LLC
LaVergne TN
LVHW050233180726
843501LV00013BB/3789

* 9 7 8 2 3 2 9 6 2 5 7 8 2 *